JN411231

三界唯一心
林道人

江山景物新
林道人

仁泉

仁泉

仁泉

林道人

仁泉

뉘시오니이까

임선영 시집

여는 글

시를 쓴다는 것은 어쩌면 제 2의 분신을 탄생시키는 작업이다.
완성하기까지 심한 산고를 겪지 않으면 안된다.
거기에 시를 쓰는 보람이 있고 자부심도 깃드리라.
인간은 누구나 사고의 존재이다
어찌 사색이 없을 수 있겠는가
사색 할 수 있다는 것은 시를 쓸 수 있는 좋은 조건이 되는 것이다.
사색은 창작의 요건이기 때문이다.
이 사색의 산물, 때로는 뜻 없이 슬퍼지고
때로는 엉뚱한 사랑이 밀려들어 자기를 추스리는일 들
이러한 정들이 적어지며 감동을 출산한다.
그리고 그 감동은 시를 통해 진짜 내 모습을 닮지 않은 새로운
모습으로 태어난다.
바람이 일면 물결이 일렁이듯 인간도 어떤 감정과 일치할 때
물결일듯 일렁인다.
그 일렁임이 시란 너울을 쓰고 다시 재 탄생한다.
그리고 예술이라는 이름으로 아름다움을 창조하는 것이다.
거기에 내가 시를 안고 서 있다.
누가 알아주지 않아도 아름답다.
그렇다면 아름다움이란 무엇일까
사랑이다.
시인은 누구일까
모든 사물을 사랑으로 대하는 사람이다.
가슴으로 만나는 사람
그래서 나는 주저없이 부족한 사랑을 잉태해서
만삭으로 한 권의 시집을 가슴으로 출산하였다.
나을까 말까 고민은 이제 떠났다.
못나도 잘나도 이제는 이 세상에 나온 내 자식~~~
문열이를 사랑할 것이다.
대하는 모든 인연들도 사랑하게 될 것이다.

차 례

2부 간지러운 봄 밤 · 33

1부

어느새 바람 불어와

어느새 바람 불어와

바람이었나
뒤돌아보면
억새 찬바람에 흔들릴 뿐

물소리인가
발길 멈추면
상큼한 향기품은 들꽃 미소

시야를 가득 메운 꽃길
어느새 바람으로
흔들리는 회상 언저리

낙엽 무성한 길 걸으며
함께하던 저물녘은
울고 싶어라

어느새 바람 불어와
세상은 갈바람 소리
갈바람 흩날리는
나뭇잎 소리

시골집 등나무

툇마루 걸터앉으니
등나무 꽃향기
바람처럼 찾아들더니
조롱조롱 매달린다
코끝에

늙지도 않는 그리움
소쿠리 속 애상추
된장 쌈 한 입 먹었더니
펑퍼짐한 가슴팍 문 연다

야야 다리 주물러라
고함 들리는 듯
시간 사라진 곳에 앉아
툭
떨어진 눈물 한 방울
치마폭에 뛰어든다

바람꽃

바람만 지나가는 고적한 들판
자연이 수놓은 백색 퍼레이드
성미 급한 세월이 끌고 왔다

바늘같이 꽂히는 햇살 사이로
잔디로 수놓은 하얀 꽃 경사

한 세상 살고 갈 때
바람도 친구하고
숲도 친구되지만
외로운 고목 치마 되어주는
그대 있어 더 아름다운 한 생

고고한 들판 하얀 법문 잔치
뻥 뚫린 가슴으로
생사를 초월한 바람 차다

그 바람 치마폭에 담아다가
시끄러운 자리 풀어놓으니
적적한 황혼 춤춘다

동백꽃

춥고 매운 날 꽃 피우는
붉은 동백의 마음
어찌 알까

겨울비 하얀 영혼으로 내리는 날
면사포 쓰고 달빛과 눈 맞추는 날
동백은 가슴 열고

동박새 살얼음 속
자맥질 세레나데 슬픈데
다소곳이 고개 숙이고 웃음 흘리는
달빛 속에 서글픈 꽃
동박새 연인이여

연시

쪽달 등불로 걸린 허공
가슴 한쪽 오려서
초승달 끝 걸어 놓으면
그리움 휘감기는 긴 밤

박꽃 사이 묻어 둔 회상
여백 위 척 내려놓으니
주황빛 젖무덤으로 핀다

까치밥으로 걸려서
시골집 텃밭 너울대던 서정
그리움으로 파고드는데

한 입 베어 먹으면 사르르
미끄럼 타던 달착지근한 맛
그리워 그리워

아주 낯선 달빛 아래
거부할 수 없는 그 유혹
흘러 긴 밤 이불 깃 적신다

묵은 붓

대나무집 떠날 줄 모르던
오래된 붓
뜨거운 고독이 흔들린다

산더미 고독이 쏟은
하얀 설야에 핀 붉은 설움
요살스런 미소 몸부림친다

그릇이 아직 안된
설 다듬어진 옥수로
내려치는 새파란 붓의 발칙

꿈 같고 허깨비 같은
옥 부처의 삶
성난 회오리로 요동친다

화우(花雨)

추락하는 삶
욕망의 날개 달렸던가
안개같이 꽃 흘러내리던 날
물 같고 그림자 같은 넋
꿈 같고 허깨비 같은 아름다움
갈 곳 어딘지 허공 흩날린다

손톱보다 작은 여린 꽃잎
떨어지는 몸짓 손짓 아우성
세상사 울렁거림
벗어나려 그려내는 추상화
늘 어디론가 떠나 갈 듯

비 오듯 울고 내려
사람을 비추고
하늘을 비추며
살며시 호수에 안긴다

 꽃잎의 가녀린 여정
이제 떨어져도 향기조차 없다
생명 끈 같이 잡은
흘러간 세월은 안다

자연은

너는
순수한 말 그대로
신의 캠퍼스

해가 뜨면
조용히 드러나는 모습
비오는 소리에 눈 감게 하고
흙냄새 맡게 한다

담고 싶은 그곳에서
오늘도 어제같이 태양은 지고
어김없이 도시는 화려한 옷 입지만

무당 옷 입은 도심은
날뛰는 야생마
담담한 색 닮지 못한다

하늘 가리는
기호와 상징 앞에
별빛 갈 곳을 잃고

순수 가리는
인공의 사치가 흐느적거리는
길모퉁이 설다

소중한 재산

미소는
마음의 소리

마음은
늘 얼굴에 새 그림 그린다

얼굴은
희로애락의 놀이마당

어둠속에서도
미소는
경계를 끊어내며
눈 감게 한다

미소는
늘
마음 제자리로 돌려보내는
소중한 재산

솟대

욕망을 꽉 쥔 오른손
밑 빠진 독에 물 붓기
허상을 잡으려다
왼 손에 허망 써 있다

한없이 지치고 허기질 때
다른 물줄기 잡으려다
초침 사라진 자리
추억 솟대처럼 서 있다

산다는 것 살아간다는 것
나무 한 그루에 일부분
자연이 그러하듯
홀로는 외로워 보이나
모이면 아름다운 세월

생을 막아서던
욕망과 허상 버리지 못했다면
환하게 내려 쬔 햇살
사랑할 수 있었을까

자연과 하나 되기 위해
얼마나 긴 시간
또 버려야 할까

인사동에서

물방울 튕긴 거리 복판
골동품 가시내 깃을 세웠다
혼자 아닌 거리에서
정녕 혼자가 된다

무얼 못 잊어 이 거리에서
가슴 아닌 가슴으로
하늘도 꽃도 얼룩진다

인사동 낡은 까페에서
노래하던 세월 흔적도 없는데
정열과 사랑은
왜
늙지 않고 거기 서 있는가

능소화

땅에는 땅만 있는 것 아니다
꽃잎 산채로 떨어져 있고
떨어진 넋 흐느낌 있다

내 안에 나만 있는 것이 아니다
목숨 다 할 때까지 회초리 들고
흔드는 양심 있다

자연 여백 위에 유혹만 있으리
돌담과 속삭이는 햇살의 능청
또 다른 세월 꿀떡 넘긴다

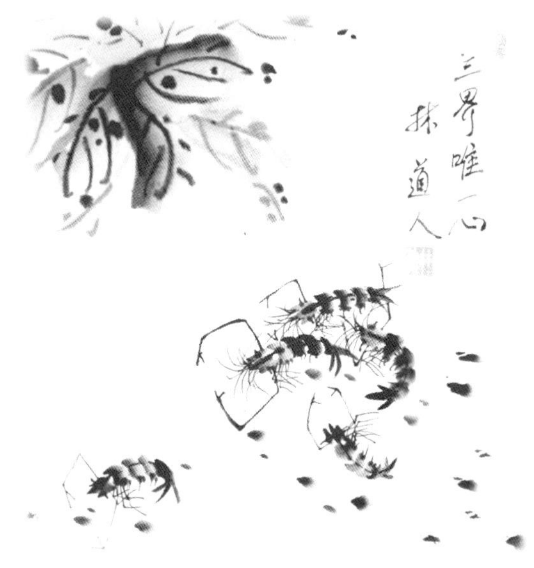

동강의 밤

시덥지 않은 시인
시답지도 않은 시를 끄적 거린다고
별빛 무수한 동강의 밤 속에 앉았다

무대 위의 트럼펫
가을 노래 몽땅 주워모아
흐느끼며 노래하고

물소리 바람소리
가슴으로 안겨 오는 밤
누가 가을 낭만 슬프지 않다고
감히 말하겠는가

 누런 이 내 놓고
개기름 흐르는 한 사내
시 쓴답시고
허공에 답지도 않은 시 토해내고

단내 나는 주둥아리로
씨부렁대는 시인 나부랭이
한 잔 술에 취해
개다리 춤으로 혼불 태운다
시가 술을 먹었나
술이 시를 만났나

희희낙락 옆 술 마시는 여인
누구인고

시인은 무슨 시인
딱정벌레 같이 술잔에 딱 붙어
서정이 나부끼는 동강의 밤
흔들리는 가을 밤

시어 주우러 왔던 풋내기 시인
별 반짝이는 하늘 머리에 이고
가을 서정 몽땅 가슴에 안은채
구시렁 거린다

가을벌레 노래하는 동강의 밤
오사게도 흔들린다

미소는

누구에게 줄 미소 만들고 계신지요
당신은
거울 앞에서

부모에게 받은 모습
전생의 업력이라지만

내 얼굴의 미소
내가 만들어 낸 창작품

미소는 늘
품에 품고 다니는
마음 안에 꽃주머니

가슴에 품고 다니다가
갑자기 누군가 눈빛으로
달라고 조르면 내어 주지

보석처럼 빛나지 않아도
빛이 나는 미소
요란하지 않아서 더욱 아름다워라

개망초

누구도 걷지 않는
햇살 비켜가는 구석
지천에 핀 개망초

바람 박자도 못 맞추고
개다리 춤 춘다
꽃도 아닌 것이 중얼거리며
풀더미 만드는 농부

이 사람아 나도 꽃이야
소금 뿌린 듯 피어난다
안개 떠난 자리에

이웃한 쑥부쟁이
바람결에 가엾은지
떨리는 바이올린 소리를 낸다

새벽 별

풀잠자리 눈 뜨며 쳐다 본 하늘
푸른 바다 위 그려진 별무리
파도가 손질한 수천만년의 작품
고운 그림 누가 선물했을까

아직 갈 채비 못하고 넋을 낀 어둠
손짓 몸짓 다채롭다
자연의 넓은 화랑 서서히 먼동이 튼다
새벽 찬바람 스치는 벤치 위로

누가 나를 이곳에 보냈을까
떠나며 춤추는 별들의 맘보
새벽 왈쯔 추는 바람 사이로
쪽지 한 장 날아든다

인생이 저 별과 같다고

소낙비

펑펑 운다
회색빛 얼굴을 하고
그 큰 가슴

귀머거리도 되다 장님도 되다
품어 주더니
뭐 그리 폭폭한지

나무도 젖어 흐느끼고
꽃잎도 상처 입는다

이고 갈 보따리
문턱에 놓아둔채
그냥
속 없이 운다

비오는 날 참새

통통통 길을 막는다
한 주먹도 안 되는 것이
식구를 거느리고

살구씨만한 배를 안고
허기를 채운다
장대비 속에서

쓰레기통 밑 떨어진 밥풀
이것아 잘 주워 먹어
여보 배불러 짹짹

사람 온 줄도 모르고
혹독한 먹이의 경쟁
쓰러지면 어쩌나
우산 받쳐 주었으면

삶의 치열한 현장
스무 톨도 안 되는 밥풀
배를 채우고 푸드덕

흠매 혼자가면 쓰요
같이 가입시더
봉고차 밑으로 비를 피한다

천진산

구부러진 안개 길 휘몰다
피곤을 감고 앉았네

동행하던 안개 무리
나뭇잎에 대롱대롱
턱 쉬는 꼴 물방울 꽃

정적 깨는 소리
톡 톡 톡
안개 속 취기를 깬다

신들의 산책로 무릉도원
바람도 소리도
소리소리 낮추는데

한결 같은 새 소리 산자락 덮고
울컥 토할 것 같은 가슴
달래주는 산꽃 향기
코 속으로 퐁당 빠진다

땡감

새벽바람 맞으며
딸집 가는데
뚝 툭
땡감 앞에 땡감 떨어진다
철렁 앉는 가슴

무심한 감나무
홍시 되어서 갈꺼야
보채는 새끼 바라보며
갈지자 춤을 춘다

홍시 다 된 노파
다가와 빙긋이 웃으며

거름되고 가라고
풀숲에 버린다

2부

간지러운 봄 밤

아리 아리 아리수 사랑

어느날 사랑 밀려 올 때면
물가에 서린 그림자 같이
빈 가지에 떨어진 눈꽃
그렇게 시리게 빈자리 남겨 놓겠습니다

언젠가 다시
금시 녹아 떨어질 사랑
다시 온다면
눈물 뚝뚝 떨구는
이슬방울 되겠습니다

흘러간 노래 부르다 그립다면
가슴 열고 화해하지 못하는
추억과 악수하려 합니다

돌아 올 수 없는 꿈 길
너울 너울 이어질 듯 끊어질 듯
아리 아리 아리수로 불러 보겠습니다

바람이 있는 언덕

바람에 취한 외로운 언덕
때 되면 찾아오는 허기
삶이 두려워 촉촉이 아파올 때

거스르지 못할 시간과 숙명
풀내음 가득한 언덕에 풀어 놓는다
스러져간 애달픔도 여기 있고
허물도 거기 주저앉아 있다

멀리 산골 내둘러 강물 흐르는데
스멀스멀 파고드는 외로움

툴툴 털며
기억은 어느듯 뚜벅뚜벅 걷는다
남긴 욕망의 그림자 멍하니 서 있다
바람 있는 언덕에서

간지러운 봄밤

달빛 기대어 졸고 있는데
품속 살며시 여는 장난꾼
그 바람 봄바람
빈자리 용케 찾았네

어제 목련 볼 간질간질
봉그라니 벌려 놓더니
연분홍 가슴 언제 보았나

그리움 달빛에 걸고
지난 밤 본 임 가슴에 품은
간지러운 봄밤

뉘시오니이까

그대 누구시기에
석양 길 곱게 물들여
불길 타오르게 하나요

흔들리다니 바람이었을까
마음 깊은 거기에 찾아와
티끌 하나 없는 웃음으로
살포시 눈 감게 하나요

당신 누구시기에
적막이 가득한 이 밤
간지러운 가슴앓이
바람꽃 속삭임 전해 주나요

우연히 스쳐간 음악처럼
단 한 번 목소리로
영혼 사로잡은
당신은 뉘시오니까

이건 그리움이야
어디선가 진하게 물들인
분명 사랑이야

나를 잊은 날

벌떼같이 그리움 쏟아진다
순백의 꽃이었으면
바다를 품어 안지 않았을 텐데

무엇이기에
파도는 가슴에서
출렁이며 아프게 하나

소리만 들어도 달아오르는
뜨겁게 아픈 그리움
세월 타지 않고
알몸으로 살아도 부끄럽지 않은
너는 무엇인가

자신을 잊어버리려
마음 화장을 하고
입 찢어지게 웃으며
바다 앞에서
가시 찔린 가슴은
차마 던지지 못하는 시인이 된다

밀려오는 소리

바다 언저리 철푸덕 앉아 있으니
철썩 보채는 어리광 소리
내 품 너무 작아 안아 줄 수 없지만
마음은 출렁 가엾구나

눈물 나도록 훤한 바다
갈지나 바람 밀어 밀고와
은파로 춤추는 햇살
흰구름 떠돌며 시심 녹인다

파도소리 뭍바람 소리
어디선가 휘파람 소리
누군가 날 부르는 소리

심상으로 만나는 화음
시심으로 서럽게 밀려온다

아풀라

사무치면 아풀라
붓 끝 먹물 화장을 한채
화선지 위 그리움

여미어지지 않는 고것
거슬러서 힘차게
휘어진 힘이여
농담 정한으로 풀어진다

흘러내리는 수묵담채
파묵 파한 여백의 멋
정열로 쏟는 숨결이여

세속 인간사 보듬고
하얀 감옥에 갇힌 장미
젖은채 흐느낀다

봄비되어

여린 꽃잎 떨어졌다
대지에서 하나 되는 봄비
흙탕 길 지나가는 나도
자갈 길 지나가던 너도
골짜기에서 만나
수런수런 이야기하며
흘러가면 얼마나 좋을까

아무도 눈치채지 못하게
부둥켜 안고 흐를 수 있겠지
가지에 솟구치는 순처럼
가슴에 번지는 불씨 같이
가다가 피어나는 사랑
눈치채지 않아서
봄비는 참 좋겠다

부끄럽지 않은 알몸으로
에덴동산 봄비로 흐르면
햇살이 비쳐드는
어디 쯤 환희있을까

석류

여미어도 여미어도
여미어지지 않네
가슴속 연지 빛

연지 빛 그 내음
고운 손에 드리우니
아! 향기로운 사랑

감추어도 감추어도
감추어지지 않네
마음 길 사랑의 숲

그 숲길 걷고 싶어
달빛에 눈 감으면
그립고 그리운 님

달빛 속 드리운 님
보내기 아쉬워
붓 끝 적신 서정

화선지 은백색은
연지 빛 석류되어
긴긴 밤 벗하네

격포의 새벽바다

밤 바다의 적막
염치없이 기어들더니
흐느적 댄다 밤새

보내지도 못했는데
새벽 깨우는 소리 부웅
어부는 새벽을 연다 손길로

밀려가며 소리치는
새벽 격포의 바다 소리
물통 깨지는 소리

가야지 가야 또 오지
바다야
다음 날 또 만나면 되지

가고 기운 새벽
먼동은 이때 올 바다를 안다
힘차게 떠 오른다

갈증

목 마를 때
바다는 물이 아니다
그리움이다

가슴 조여올 때
바다는 넉넉함이 아니다
보고픔이다

아지랑이 같이 잡을 수 없는
그릇 밖에서 출렁이는
어지러운 흔들림이다

티끌같이 떠다니다
거품 끌어안고 스러져 갈
마실 수 없는 갈증이다

지고 가려마

어디에 그 사랑 피고 있는가
지금도 가을비 흘러 내리듯
처음처럼 술잔에 그려진 미소
어느 인연 놓고 간 그림자

사랑한다는 것은
피다가 지는 꽃잎 같아서
누가 알세라 눈치 챌세라
홀로 바람에 흔들리는 것이지

먼 훗날 글 꽃 활짝 피는 날
흐르는 것 누가 알꺼나
세월아 물든 가슴 업거라
향기는 포옥 품에 안고
휘청휘청 걸으며 지고 말 길을

밤 바다

사랑하는 사람 와 있는데
손이라도 잡아야지
촤르르 쏴~~아
모래에 엎어지며 온다

멀리 오징어잡이 배
불 밝혀 대낮인데
어망에서 줄행랑쳐
외롭다고 훌쩍 철썩

품에 안기고 싶다고
외로운 건 싫다고
물속은 가슴이 없다고
펵펵 울며 나뒹군다

그리워 하지만
안아 줄 수 없어
다섯 손가락 온기 적시며
그도 운다

격포 바다를 본다

바다를 보는 것들이 천지다
바닷가 노점 장사꾼도 보고
놀러온 나도 본다

잠시 피곤해 눈을 감다가도
금새 눈은 풍덩 저녁 바다에 빠진다

격포에서는
뱃전 빈 배들도 빠지지 않고
바다를 본다

한 마리 게가
옆으로 슬슬 기어 오다가
잠깐 바다를 보더니
무엇에 놀랐는지 살금살금
빠져 들어간다 바다로

여지껏 보여 주지 못하고
보고만 사는 못난 나를
격포에서는 바다가 놀러 와서
나를 보자고 한다

난 모레 가는데

바다에 온 난
고향으로 가는데 모레
갈 생각을 안 한다 바다는
죽었다 깨어나도 못간단다

데려다 줄까 물어 보면
무슨 재주로 비웃듯 철썩 때린다
안아서 갈까 속삭이면
뺑인 걸 알고 출렁 울먹인다

먼 산 골짜기 고향 떠나
바다에 온 후
그리움 소용돌이쳐도
출렁 제자리 걸음

난 모레 가는데
바다는
아이고 가슴아
철썩 벽파만 친다

어쩔 수 없다

푸설푸설 날리는 단어가 있다
구석에 한 동안 찾지 않던
화분에 달라 붙은 황토 흙
말라서 목마름도 잊었다

이리도 묘한 그리움 있다니
가슴에 풀풀 날리는 먼지는
기다리다 지쳐 가루된
잊을 수 없어 재가 된
세레나데 음표

한 여름 빨래 줄에 널린
빨주노초파남보처럼
감출 수 없는 그리움
말리고 또 말리는 일이다

그리움으로

그리울 때 그리움은
보고픔이 아니라
칼이다

그 오만한 그리움
가슴 베어 가지도 않고
비웃듯 웃고 있다

서슬퍼런 칼 날
피 묻지도 않고
베인 자국도 없이
그렇게 늘 있다

꽃잎마저 베일라
쓸어안고 울면
빙긋이 웃는 바람

그리쓰자

그립다고 말 해야겠다
차라리 쓰지 말고
마냥 마음 아프다고
그려야 겠다

진정 그립다 말을 하면
아프다고 그리면
향기로 피어날까

그립다 써 놓고 말을
어쩌다 생각났었노라
그리 쓰자

그리고
그냥 흐르게 놓아두자

기다림

장지문 그림자가 흔들린다
긴 기다림 있다
가을밤 손수건 다 젖도록

불 꺼진 창 틈
잔기침 소리 정적을 깬다
커피 향이 스며온다

누굴 기다리나 정녕
질척이며 떠날 줄 모르는 고뇌
새벽 밝아 오는데
묻힐 것 같지 않은
끄적거리는 소리

살다 간 집

지나다 문득 열어 본 빈 집
가을 향기 주렁주렁 걸려있다
수놓은 가슴 젖는다

탁 쳐낼 수 없는 인연
디딜방아 쿵더쿵 떨어진다

달빛 허리 끌어안고
저린 가슴 달래는 설움

무엇으로 지어놓고
어디에서 보고 있는지
살다 간 빈 집
황금 시정 넘실댄다

서설 내리던 날

갓도 없는 서설 휘날리고
갈지자 춤추는 설화
누가 추는 춤인가

살짝 수줍은 님
다녀간 표정인가

멈추지 마라
다정이 사라질라

기별없이 오신 흔적
허공에서 춤을 추고

불시에 남긴 흔적
흰빛으로 황홀하니

님이여
남기고 간 흔적
내 어이 감당할까

길을 타고

계절이 익어갈 무렵
삿갓 쓰고 서성이는
미친 그리움

수줍게 숨은 뒷그림자
그대 눠시온지요
손길 잡고 싶으십니까
묻고 싶어도

가물거리며
가슴 길 타고 스치는데
그냥 아끼고 싶어
마냥 내것이고 싶어
차라리 눈을 감는다

판도라

마음 티끌 털고
주홍 마음만 쏘옥 안고
내가 네게로 가듯
넌
네 몸은 버리고
마음만 안아주렴

넋이 된 잎 흩어진 자리
꽃 피운 방종
나무라지 말아야지
너는 내 빈 땅 채우고
나는 네 빈 하늘 수 놓는다

가고 오며 스치는 서러움일랑
전생 못다한 한 있으려니
선과 악도 잊은 사랑

아픈 사랑

가슴을 베였다
오랫동안 피가 흐른다
상처가 아름다운 것은
붉은 향기가 말해 준다

약을 바르지 않았다
붕대도 하지 않은 체
가을바람에 아픔을 말린다
제격이라 아름답다

베인자리 피가 흘러도
혼자 그려놓은
유일한 노을 풍경

고통이 아름답다니
아픔 없으면 사랑도 아니지
아물 때까지 같이 놀아야지

버리지 말자
오늘 밤도 아물지 않은 상처와
같이 놀자 엎치락뒤치락

난 무엇인가

그대 이별을 사랑한적 있는가
이별은 또 다른 사랑을 낳고
사랑은 봄 앓이 한다

나 그대에게 무엇이 될까
끝내 묻지 못했던 말
지금도 뚜벅뚜벅 혼자 걷는다

사랑을 품은 어리석음
도대체 어디서 왔고
끝은 어디일까
물길로 바람결로
흐르는 것들에게 물어 본다

난 인간이 아니여서 몰라
그저 도도히 흐른다
허공에서 손사레 친다
무엇인지 나도 모르고
세월 속으로 간다 마냥

사시겠습니까

가슴 쪽방엔
늘 출렁거림 서성인다
눈꼽 같은 그리움
갈 곳 없어 갇혀 있다

형상 없는 무엇
듬뿍 붓 끝에 적신 혼
허지에 난도질하는 심화
알랑하고 유치한 시 누워있다

가슴 한 컨 살며시 숨어들던 정
인간은 정 들어 태어난 존재
정은 감동을 낳는다
그리고 사랑한다

사랑을 파는 가게가 있다구요
시간 위로 흐르는 유서 같은 것
물건으로 내놓을까요

봄비 속에 내놓겠습니까
사시겠습니까

홍소

이를 어쩌나
볼에 이리 고운 꽃 피다니
스멀스멀 바람인양
입술 끝 번지는 회오리

연분홍으로 물들다니
세월 잊은 뜨거운 고독
추락하는 삶의 날개 걸머지고
분명 사랑이어라

누가 눈 흘길까봐
흠메 훔쳐 볼까봐
살짝 꽃피며 왔다가는
애절한 부끄러운 흔적

기억

보따리로 던져진 먼지
툴툴 털어 내던 날
바다 같은 침묵
세월 마디 흔든다
못 말리게 일렁이는 내 안의 속물

지고지순한 흔들림
바람 스치면 물결 파동치듯
하얀 인생 판에 오점
피 방울진다

사랑한다는 것은
사랑하기 위해 기억해야 할 말
그리고
보이지 않는 세계의 유혹
들리지 않는 피안의 낭만

그리울 때

홍조로 물든 바다에서
그리움이 내려앉을 때
연기처럼 풀어 낸 詩

바다는 철썩 내일을 꿈꾸고
갈매기 떠난 바다에서
쏟아낸 언어의 토악질

눈물과 비벼진 언어
폭포처럼 쏟아내지만
그래도 바다는 말이 없다

지친 노을 바다로 빠진다
비로소 내민 바다의 붉은 표정
푹 젖은 붉은 모습에서
진한 그리움 본다

3부

여보시게 가을

자목련 회상

1)

자목련 꽃잎 너울대면
그리움 보따리 풀리고
속 깊은 아버지 사랑
보랏빛으로 밀려와
풀잎 적시는 봄비처럼
그리움 속 마음 담근다

자목련 만개한 그 가지에
그리움 걸어 놓고
보랏빛으로 피어나는
이제는
흔적조차 희미해지는
봄날 보고픔이여

2)

그리움인가 서러움인가
뚝뚝 떨어지는 어느 날
빈 가지 끝 까치 한 쌍
눈꼽같은 눈물 떨구기 싫은지
봄바람 스치는 하늘을 본다

봄이 오면
뱁새 눈 딸넌
가슴 보따리 추스르며
떨어진 보랏빛 꽃잎 위에
그리움 털어내는
고운 봄날 환상이여

님이 준 골무

인사동 골목길
봄비가 길을 막는다
하품하는 골무가게

빨강 파랑 노랑 초록
손가락 화관모
유혹하는 골동품 거리

천원짜리 두장
지갑에서 도망간다
빨강 화관모 들고 나온다

약속도 없는데
약지에 나 혼자 비단 골무
님이 준 반지처럼 낀다

봄 한자리

비만 외로워 우는가
보슬보슬 떨어지는 들녘
따뜻한 흰 쌀밥 한 그릇
한자리 젖는다

깊어진 초록 눈물
고운 봄 쓸어안지 못해 흘렸으리
물 보다 더 깊어진 속알머리
부르르 떨며 운다

물기 먹은 향기의 서러움
어쩌지 못하고
풀어 헤쳐진 마음
시나브로 물든 마음
잡을 길 없어
봄 뚝뚝 떨구며 운다

쿠오바디스

늘 처음처럼 움직이는 별
별 친구 그대로인데
세월은 다른 얼굴로 흐른다
털끝 하나라도 건드리고 흐르는 세월
전혀 다른 풍경을 만든다

이랴 조조조조
져랴 저저저저
부리는 대로 향하는 너
그러나 어린 봄을 밟을 줄이야

세상으로 나가는 많은 길
산은 육신 깨어서 가루되어
뭍 생명 뿌리 내리게 하고
가리지 않고 흐르는 물
흘러서 다시 하나로 모인다

멈춘 듯 보이지만
조용히 움직이며 상생하고
움직이는 듯 보이지만
똘똘 뭉치는 자연의 힘

손끝도 아니 댔건만
움직이는 하늘의 조화

물길 같이 바람 같이
빈손으로 흘러가도
우리는 갈 곳으로 간다

손 끝의 봄

훈풍이 가슴 채우듯
새악시 춘심 살짝 건드린다
거시기 하나 사 입을 터
켜켜이 쌓인 겨울의 잔고
낡은 뜰에 치대는 소리
서릿발도 맥 못추고 금시 녹는다

양지 뜰 깨진 조롱바가지에 담긴 봄
왜 이리 가슴 흔들릴까
이리오쇼 잉 추웠제 따순디로
초록에 민감한 여심은
입안에 향기가 돌고
손끝에 벌써 봄이 걸려 있다

내소사의 가을

내소사 뜰 안
허물어지는 가을 흩날리고
다시 못 올 것같이
발 끝에 바스락 으스러진다

떠나지 못하는 계절의 영혼
색동저고리 입고 춤추는데
한결같은 목탁소리
산자락 뒤덮는다

바람도 소리 낮춘
이별하기엔 너무 아름다운
내소사 뜰 안
흐르는 세월 아쉬워
신열 앓는다

여보시게

여보시게 가을
들렀다 가시게
잘 익은 포도
접시에 담아 드릴테니

님이라 부르리 가을
술 한 잔 하러 올랑가
푸석푸석한 가슴
잘 익은 석류주 한 잔 하시게

외롭다 느껴지면
언제든 소식 전해주게
내 사랑 가득 넣어
주소 없이 부칠테니

알아서 가져가시게
눈부시게 고운 날
그대 뜨락에
놓여 있을테니

청포도

달빛 아래 품은 모습
농익어 터질 듯 안쓰러워
살아 온 인생 같으이
다녀간 해의 정염도
마실 간 달의 우수도
오고 간 자욱 없고
바람이 대신 전해 준 소식
하얀 접시에 박혀 온 정
연두빛으로 요살 떠는군

한낮 강물에 쏟아지는 햇살
벅찬 감동 은파로 흔들린다
산은 물 위에 산수화 치고
바람은 부채질하는 서정
가지에 매 달린 칠월
티끌없는 가을 재촉한다

흘러 내리네요

흘러내리네요
눈물처럼 비가
사랑은 받는 것이 아니라
여름비 뜨거운 대지 적시듯
그렇게 촉촉이 주는 것이라고

가슴이 두근거렸어요
똑똑 노크 하는 소리에
당신 품으로 갈까요
촉촉이 젖은 음성으로

그러세요
분홍 가슴을 살짝 열었어요
시원한 여름비가 밀려오네요
상큼한 향 바구니 담고
만도린 들며 내리네요
캄캄한 밤 속으로

가을 엽서

바람 끝 냉정한
깊어가는 가을 새벽
바람 낙엽 외로움 사랑
바스락 소리조차 끊어진 자리
황금빛 엽서에 영혼을 넣는다

황금 숲 여는 후투티 소리
나뭇잎 햇살에 눈꼽 떼고
잘 익은 엽서 부쳐진다

가을은
터무니 없이 외롭고 쓸쓸하지만
가을엽서 빨간 소인은
아침 햇살처럼 붉게 타 오른다

가을 밤

1)

바람 바스락 거리는 밤
아름다운 이야기 만들지
적막이 그리움 띠 가슴에 두르면
해맑은 미소 걸친
그을린 노부 지나간다

차마 잡지 못하는 손끝 떨림
바람이 감싸 안는다

하늘엔 별만 반짝일 뿐
스쳐가는 바람마저
보이지 않는다

가을 밤

2)

가을밤의 신비
밤은 그리운 사람의 그림자
그림자 위에 이렇게 쓴다
"보고프다"

적막이 드리운 가을밤
통 키타 위에 떨어진 외로움
바람이 써 내려간다
"그립다"

무르익은 달빛
불꽃놀이 되어 떨어지고
얼룩진 자리 서러워
맹돌아져 우는 밤

아직도 난

가을비 같은 시려움
아직도
놓을 재간이 없다

바보상자에 나를 밀어 넣고
아퍼 정말 아퍼
바보 같이 철딱서니 없는
가슴앓이를 사서 한다

물이랑 같이 밀려오는
허전함 이길 꼼수가 없다
가을 이제 시작인데

가을 비

고운님 다칠세라
숨죽여 울고 있나

속없이 예쁜 계절
셈이나 젖어드나

소슬비로 오신 님
상처마저 품어 안고

저만치 젖은 낙엽
뒤척이는 힘조차
내지 못 한다

가을 밤

오색 영롱한 밤에는 누구나
아름다운 이야기 만든다
풀벌레 우는 밤의 신비
어두움은 그리운 사람 그림자
검정 눈 마개를 하고 이렇게 쓴다
보고프다
여치소리 구슬픈 밤
적막 속 아름다운 꽃
바람으로 지운다
어둠의 적막
그리움 띠 가슴에 두르면
처음으로 뜨겁게 했던
유일한 사람
당신이 온다
첫사랑이야
꿈결처럼 나타난다
나이테
허공에 내동댕이치고

여름바람(1)

경계 있어도 비상할꺼야
자유로운 여름바람

끌어안고 뒹굴면 사랑인가
내동댕이친다 성나서

젖무덤도 들어가 보고
사타구니 살짝 화들짝

워메 뭐시기라
에이 개구쟁이

이리저리 들까불고 싶어
바람 타고 싶은 나무

약 오르지 부럽지
치마폭 휘몰아치듯
소녀 정강이 어루만지며

골목길로 도망간다
홀랑 벗은 바람

여름바람(2)

잠들지 못하는 깊은 여름 밤
숲과 바다 흔들다
나를 깨우는 당신
살짝 품속 어루만지시네요
그리우셨나요

밤 깊어 굽이진 길
달빛 호롱불 삼아 오신 님
사랑은 누군가 바람이라 했지요
굽이친 길 멀지 않으셨나요

스리살짝 오신 그대
포옥 품어 으스러지면
허기 같은 사랑은 익어가지요

사랑은 늘 이렇게
흔적없이 찾아와서
소낙비 뿌려주고
바람처럼 설레게 하는 건가요

청포도 막 자리 잡는 밤
눈물겨운 이별 던지고
살랑살랑 사랑에 취한채로
어디로 가시는지

겨울나기

마치 아무 일 없는 듯
느릿느릿 시간 속으로
헝거러운 겨울이 구시렁 거리며
하나씩 지워 낸 그리움 손에 들고
허물도 목에 걸고 간다

아득한 수고로움 속에
희망이라는 손톱 같은 초승 달
손으로 가리키며
믿기지 않는 평화의 자리
깨지지 않기를 소망한다

봄볕으로 돌아 온 새로운 세상
지나간 것은 살기 위해 기억해야 할 북풍
뜰 위에 벌러덩 뒹구는
봄을 눈으로 달래며
사람만 지난날을 허전해 한다

아직도 난

가을빛 같이
시려운 사랑
아직도

벅찼던 기운 놓을 재간 없다
나 속에 나를 꼭 껴안고
가슴앓이를 한다

물이랑 밀려오듯 오는
가을 사랑 이길 재간이 없다
가을, 이제 시작인데

가을은

혼자 호젓하고 싶은 계절입니다
같이할 그대 없이도
하늘 먼 곳 흐르는 구름 벗하며
그렇게 걸어가고 싶은 계절입니다

무지개빛 산천도
황금빛 은행잎도
따뜻한 우정도

그대로 벗어 버리고
이대로 놓아 버리고
사색하고 싶은 계절입니다

간다

구름 한 조각 어깨동무하고
붉게 물들어 타며 간다
계절이

나무는 타고
마음은 노랗게 물든다
쏟지 못해 태우고 물들다
골진 언덕 뒹굴며 버석거리며 간다

고추보다 더 맵고 붉은
정열 쏟아 낼까 말까
은행잎 노란 귀여움 털기 아쉬워
몽땅 끌어안고 망설이며

아! 또 간다
가을이

4부
무모한 사랑

먼 발치에서

산골 어느 간이역
손님 뜸해도 한가롭게 웃을 수 있는 여유
간데없는 끝 눈부셔 볼 수가 없다
앞만 보고 같이한 긴 선로 위
사랑해 쓰지 못한 백지 바람에 날린다
심심한 참새 짹짹 거든다

쌉싸름한 모카향기 스친다
사람과 사랑 이어주고
사랑과 그리움 보듬어주던
잘 익어 갈 봄 아롱아롱
먼 발치에서 춤춘다

판

모두는 피에로 탈을 쓰고
각본 있는 무대를 헤메이고 있는지 몰라
거기엔 말이 필요없었지
손짓 몸짓으로
희극을 이끌고 있었어
그냥 팔자려니 웃음을 팔았지
무대 위 떨어진 눈물자국 보는 이
단 한 사람도 없었어

참 시시한 연극 무대지
그것도 보지 못하면서
무대를 바라보다니
가려진 뒷모습 보지 못하는 관객
어쩌면 피에로인지 몰라
인생은 억지 무대야
탈을 쓰고 만들어 가는 억지 판
한번 들어가서 걸으면
다시 돌아 올 수 없는 판

10월의 마지막 밤

모녀의 정 갈라놓은
무정한 가을
10월의 마지막 밤
눈물로 지새운다

사랑한다고
매일 말하지 못한 것 서러워

보고 싶다고
매일 말하지 못한 것 슬퍼서

모래알 같이 살아 있는 날 많아
그리워지는 밤 있을 줄
준비하지 못한 것 아리워서

사랑으로 주신 선물
꽃 수건에 눈물 닦고
옥 염주 품에 안고
참회의 기도드리는
10월의 마지막 밤

눈 감으면 다시 만날까
눈 뜨면 다시 볼까

훠어이 훠어이 가슴 쓸어내리는
10월의 마지막 밤을

눈물로 지새운들
사랑은 돌아 오지 않네

아버지 오시던 날

아가 장에 댕겨 오니라
애비 온단다
장에 가서 소고기 한 근 구리무 한 통 사오니라
검정 고무신 노랑 삼베 적삼 입고
착 달라붙은 초승달 까메머리
백옥 같은 피부에 오막 눈 선자 에미
행여나 고운 모습 콧바람 불라 속 타는 시에미
어린 딸네미 그림자 밟고 따라간다

아가 눈깔사탕 사 달라고 떼쓰지 말그라 잉
무서운 할머니 불호령
마당 넘어 장마당까지 대롱대롱 따라온다

강 구장네 가게에서 구리무 한통
김 백정네 집 소고기 한 근 사서 사립문 열자
아이보다 눈깔사탕 먼저 할머니 부르며 들어간다

흔들리는 등잔불 밑
낮에 사 온 구리무 바르고
머리 푸는 선자 에미
찔레꽃 붉게 핀 남쪽 장지문 사랑방
호롱불은 꺼지고
밤새 선자네서는
이름 모를 새 소리가 들렸다

새벽에

앞산 저 멀리
걸친 옷 자연으로 보낸 나목
붉은 홍시 하나 걸터 앉아있다
머얼건 동녘
벌겋게 물들기 기다리며

결 고운 새벽바람
눈꼽 털지 않고 살랑살랑 인사하고
밤잠 설친 새들의 어리광
푸념 섞인 노래 아침을 깨운다

자연 울 밖
또 하나 나와 너도
앞 개울 도란도란 구성진 가락
새벽 단잠 설치는데

지평선 멀리
달려 올 햇살 기다리며
숨차게 흘러 온 또랑 물
단단한 바위에 자신 흔적
새기며 흐른다

긍게 그게 그러네

언니 동생들 왔어
그동안 못 와서 미안해
세 살 아이로 돌아간 언니는
안아주지도 않고
긍게 그게 그러네

할 말을 모두 잊은 언니는
긍게 그게 그러네

볼 위에 흐르는 것
눈물인가 허망인가
막내 엎어져 울며
누님 나 업어서 키웠잖아

초점 잃은 눈빛에
주름 골로 흐르는 물
긍게 그게 인생이 그러네

아! 이것 삶의 흔적인가
다 가고 또 하나 떠나려하며
삶이 긍게 그게 그러네

언니야 언니야
같이 살던 고향집 석류

꽃망울 터질 듯 붉어 오는데
남은 세월 어찌 할거나

돛단배의 독백

인생이라는 걸이에
진짜 같은 보석 수 없이 걸고
해풍에 밀려 저녁 바다로 사라지는
보잘 것 없는 돛단배

오늘 내가 가지고 싶었던 것
비우고 초연한 모습
내동댕이치고 걸어가는
자유를 그리워 하던
초라한 고뇌 출렁이며 간다

불길로 안아주는
저녁바다 님 삼아
파도 노래삼아
오늘 외로움 힘겨움
위로하는 마음의 소리
감사생활 하거라
침묵이 흐른다
바다보다 더 깊은
돛단배의 하루는
두 손을 모은다

자연과 밀어

눈으로 자연을 더듬는다
기다렸다는 듯 안겨온다
바람과 놀다 머리 산발한 초록
꽃 같은 잎 한아름 안고

숲길을 걸으며
슬며시 올려다 본 하늘
어느새 파란 바다로 출렁인다
눈이 시리도록

이것이 행복야
중얼중얼 누구에게 고백하는데
줄줄 행복을 걸친 바람
달려와 숲 향기 전해 준다

나 말고 당신 닮은
햇살 숲 길 사이에서 기다린다고
서두르는 발길에 밟혀
꽃 한 잎 슬피 운다
으스러진 친구 안쓰러워

숙아!

너 미치도록 반했던
하늘은
지금 자기만 보고 살라한다
어찌하면 좋겠노

아직도 남은
내 혼불
닫아 빗장 걸으라 한다

사색이 뭐 말라비틀어진 것이냐고
털어버리고 하늘만 보라한다
쓴 웃음 가슴 친다

칼끝 같은 가위로도
도려낼 수 없는
오목가슴 비명
하늘이 누른다
숙아!
하늘 너 다 가져

샘물 모정

염치없는 조물주 선물
파묻고 꿀꺽꿀꺽
공짜 넘어가는 소리

한 푼 안 주고
푹 퍼 마셔도
무심한 샘물 모정

온종일 갇혀 있어도
팔자려니 나갈 생각 안하고
저녁 내내 퍼가도
파르르 그림 그리다
그대로인 자리

무정한 다람쥐 목욕해도
찰람찰람 소리 뿐
무심으로 공가된 샘물

무모한 사랑

별 반짝이는 하늘
보고 있노라면

귀여운 손자에게 별님 따다
꿈동산 만들어 주고 싶고

빙긋이 웃고 있는
달님 바라보고 있으면

떼쟁이 손자에게
초승달 그네 만들어
흔들어 주고 싶지

밝은 햇살 안고 있으면
미소짓는 손자에게
햇살 같은 행복 안겨주는
동화 같은 꿈을 꾸지

창문 넘어 파란 하늘
솜털같이 떠있는 하얀구름

살짝 따다가 솜사탕 만들어
손자 손에 쥐어주고 싶은
할머니 무모한 사랑

사랑이란 무를 유로
만들어 가는 요술쟁이

외로운 하늘

허기진 하늘 울려고 한다
땅에 가득한 향기
안아줄 수 없어서
사랑할 수 없어서

그냥 울어 버린 하늘
먹장구름 가슴을 치고
회오리바람 상처에 마냥 운다

천방지축 바람 길 따라 가지 않고
초록 숲 속에 숨어 요동쳐도

하늘에 의지한 허공 바보 같이
침묵은 금이다
서로 허기 채우듯
아래 자연은 몸을 섞는데
외로운 하늘은
가슴에 품은 무게 때문에
외로워 울기만 한다

간다한들

간다는 것은
아주 감이 아니야
내 가슴이던
네 가슴이던
남아 있는 응어리 있음이랴

주체 못할 흐름되어
강물로 간다한들
홀연히 풀어헤친 안개로
나뭇잎에 걸린들

뚝 떨어져 산산히 흩어져도
아리운 가슴 여울이 된다

간다한늘 온다한늘
잡지 않으리

다 품어도
놓고 가야 할 생이기에

눈 오는 날 환상

어둠 내렸는데 펄펄 눈발 내린다
맨 바지에 부라우스 모습이 춥다
눈발 속에 뛰어놀던 아이들도
이젠 보이지 않는다

쉴 곳 있건만 그대로 눈 속에 있다
어둠 몸에 온통 바르고
아이들 보다 더 아이 같다
할머니 부르는 소리 있건만
방황은 소리마저 귀머거리가 된다

눈발에 취한채
유목의 깃발을 들고 서성인지 오래다
환상의 고향 비탈 길 걷는 듯 비틀 거린다
자꾸자꾸 내려가고 있다

몇 페이지를 넘기며 간다
춥지 않느냐 부르는 소리 있지만
허공을 가르는 몽상 잡아 주지는 못한다

외로운가 보다
소리도 눈발에 몸을 적신다
찬 하늘마저 손을 놓지 못한다
시베리아 끝에서 불어오던 눈발

천천히 방황도 몽상도 몽땅 담고
닻을 내리고 있다
비로소 춥다

바다같이 바람처럼

무슨 힘으로 가고 있는가
하늘 닿는 아상(我相) 봇짐지고

고해 길 망망대해
있는 듯 없는 듯 품고
웃으며 가는가 가슴치며 가는가

텅 빈 마음 빛은
무색으로 아름답거늘
허우적대는 인생고란
바람결에 털고

허공 빛으로 바다 빛으로
가볍게 가거라

의지할 곳 없어도
자유자재하며
가슴 열어주는 바람

오욕에 찌든 흙탕물
끌어안고 말없이 푸르른 바다

가슴 담은 것 훌훌 털고
바다같이 바람처럼
막히지 말고 가려무나

외출

나간 마음 찾으려
어두운 밤 지킨다
오늘 버려 놓았던 마음
구석구석 뒤져서

거꾸로 서 있는 너
바로 세워 놓고
까맣게 물든 나
흰 물감 풀어 목욕시킨다

막혔던 그늘진 곳
뜨거운 차 한 잔으로 풀어 놓고
두 손 고이 모으니
봄볕 눈 녹듯 풀리는 소리

나간 마음 찾은 기쁨
넘치는 기 찬란하여
쓸어 담기
노작지근한 밤

여기

꺾이는 아픔으로
비록 무명의 꽃병에
갇혀 있을지나

천리향 기운이 부르노니
자연을 노래 한 일 없으되
가슴이 자연이요
하늘이 준 향기가 진리

자연과 진리
오롯이 같이 품어 있으니
여기가 진경
그 자리 무릉도원

가끔은

시간 주머니 챙기다
가끔은
나를 놓는다 허공에

낙엽과 벗하던 바람
세상사 덧없어라
춤 끝에 있고

화염 속 가을 나무
세월 품고 서러운지
불길로 대지를 태우는데

바람이 다독다독 달래는 소리
볕좋고 바람 좋으면
이것이 행복이라고

깊은 침묵 속에
드러나는 자연의 모습
서야할 내 모습

가끔은
평지가 언덕 되고
언덕이 산 되는 그 긴 날
나를 놓는다

처음처럼

어제는
처음처럼 잘람잘람 은백 춤을 추웠지
그대 춤 와 이리 쓴교
영혼을 맑게 한다는 출렁임

시작이 처음처럼
그런 춤사위 있는지도 몰랐는데
춤사위 곱다기에 한 발 턱 드렸더니
세상이 돈짝이라

The young ones~~
마로니에 밤 깊어가네

얼씨구 절씨구

있거라 가거라
춘풍에 돛달고 오는 듯
한 세상 풍운우로 장단
어허야 이리 난해한 풍류

항라 치마 한 폭 찢어
첨벙 먹물 속 담그어
철푸덕 얹어 놓은 삶
백매화 미소가 어지럽구나

이것이 저것이 되고
저것이 요것이리니
얼씨구 지화자
인생 육십 그것

5월에는

등나무 꽃 피는 5월에는
그립다 시를 쓰자
살짝 찾아든 보랏빛 마음
바람에 날려 보내면
세상사 울렁거림 창공에서 춤 춘다

등나무 꽃 향기로운 5월에는
잘 있는가 편지를 쓰자
문득 스민 분홍 마음
사랑이란 숨결로 다가온다

물이였을까
불이였을까
맑은 하늘 울적한 5월에는
그리워 하고 편지를 쓰자

풀내음 그리운 5월엔
부치지 않은 시 허공에 띄워 보자

허물

만질 수 없어도 소리 들리네요
낯막히 잘그락 잘그락 간질이며
우리 언제 만난 적 있나요
언제 이별한 적 있나요
들려오는 해변의 속삭임

그런데 보이지 않아 그리워요
차마 놓지 못해 모나지 못하는 마음
주름만큼이나 골 깊어진다

바위로 기다리는 바다소리
이끼로 드러난 시간의 생채기들
소리는 그렇게 켜켜이 세월을 두르고
바람을 안고 달려든다

바람이 길 따라 가지 않듯
피고 진 그리움 길이 없어
이름 모를 어느 포구를 어루만지며
간절한 허물 하나씩 선다

바위틈으로 철썩 파고든 파도
쓰다듬다 어루만지다
오고 싶어도 올 수 없는 길
흰 포말로 너울너울 떠나간다
허물 다 놓지 못한채

□ 임선영의 시세계

존재와 화해하는 사랑 언어

김 송 배(시인. 한국문인협회 시분과회장)

1. 삶과 성찰의 조화

현대시의 양상은 소재나 주제의 측면에서 다양하게 변모하고 있다. 이는 현실적 상황들이 복잡다단하게 전재되고 있어서 인간의 삶 자체가 다변적인 요소를 내포하고 있기 때문일 것이다.

일찍이 독일의 대문호 괴테(J. W. Goethe)의 언지(言旨)처럼 현실은 동기와 재료를 詩에게 부여하지 않으면 안 된다고 했다. 또한 보편적인 일상이라도 시인이 취급함으로써 시적인 것이 되는 것이며 현실에 의해서 촉발되고 현실에 기초를 두어야 한다고 말한다.

그렇다. 우리의 평범한 일상의 소재가 탁월한 주제를 촉발할 수도 있다. 그 평범성이 시인의 내면에서 용해되고 승화할 때 새로운 주제를 창조할 수 있을 것이며 고차원의 시

정신을 창출할 수 있을 것이다.

임선영 시인이 상재하는 시집 『뉘시오니까』를 일별하면서 유념할 수 있는 부분이 바로 현실적 변화에 따른 사유(思惟)와 정서의 언어가 정감적으로 표징하면서 자신의 삶과 인식의 감도(感度)를 상승하면서 시적 진실을 구현하고 있음을 알 수 있다.

대체로 임선영 시인이 탐색하는 주제의 향방은 우선 삶을 통해서 자아(自我)를 성찰하는 순수한 시적 발상을 엿볼 수 있으며 우리 인간들이 내면에 간직한 인류적, 인도적 섭리를 충실하게 순응하려는 지적인 면모를 이해하게 된다.

그는 주변에서 감지할 수 있는 모든 사물과 관념들이 삶과의 상관성을 가지면서 시적인 감응(感應)과 묘미를 추출하는 특성을 이해하게 되고 그가 진실로 구가하려는 성찰의 의식을 확대하여 정립하고 있음을 알 수 있다.

우선 다음 작품 「바람꽃」 전문을 감상해 보자.

바람만 지나가는 고적한 들판
자연이 수놓은 백색 퍼레이드
성미 급한 세월이 끌고 왔다

바늘처럼 꽂히는 햇살 사이로
잔디로 수놓은 하얀 꽃 경사

한 세상 살고 갈 때
바람도 친구하고
숲도 친구 되지만
외로운 고목 치마 되어주는
그대 있어 더 아름다운 한 생

교교한 들판 하얀 법문 잔치
외롭던 자 뻥 뚫린 가슴으로
생사를 초월한 바람이 차다

그 바람 치마폭에 담아다가
시끄러운 자리 풀어 놓으니
적적한 황혼 춤춘다

이처럼 '성미 급한 바람'과 '아름다운 한생' 그리고 '생사를 초월한 바람'과 '적적한 황혼' 등의 대칭적 이미지는 무형의 '바람꽃'이라는 새로운 그의 상상세계를 형상화해서 실재(實在)는 현실적 자아와의 상관성을 조화롭게 연결시키고 있다.

이것은 임선영 시인이 간구하거나 여망하는 존재에의 인식을 통해서 추출해 낸 시적 위의(威儀)이며 그의 철학이 용해(溶解)된 가치관의 생성이다. '바람'을 통한 '한생'과 '생사'라는 인생 탐구의 현장에는 아직도 '고적한 들판'과 '외로운 고목 치마'와 '황혼'이라는 아쉬움을 전제하는 갈등 요인이 남아 있다.

이는 그가 '산다는 것 살아간다는 것 / 나무 한 그루에 일부분 / 자연이 그러하듯/ 홀로는 외로워 보이나 / 모이면 아름다운 세월 // 생을 막아서던 / 욕망과 허상 버리지 못했다면 / 소리없이 걸었던 오솔길 / 환하게 내려 쬔 햇살 / 사랑할 수 있었을까 // 자연과 하나 되기 위해 / 얼마나 긴 시간 / 또 버려야 할까(「솟대」 중에서)'라는 어조(語調)와 같이 '산다는 것'과 '생'이라는 상황(situation)은 언제나 '세월'을 동반하고 있지만, 버리지 못한 그의 '욕망과 허상'에 대한 고뇌가 상충(相衝)하는 성찰의 의지가 엿보인다.

이처럼 삶을 통한 성찰의 여과(濾過)는 대체로 다음과 같이 요약할 수 있을 것이다.

- 내 안에 나만 있는 것은 아니다 / 목숨 다할 때까지 회초리 들고 / 흔드는 양심이 있다 (「능소화」 중에서)

- 누가 나를 이곳에 보냈을까 / 떠나며 춤추는 별들의 맘보 / 새벽 왈츠 추는 바람 사이로 / 쪽지 한 장 날아든다 // 인생이 저 별과 같다고.(「새벽 별」 중에서)

- 바람에 취한 외로운 언덕 / 때 되면 찾아오는 허기처럼 / 삶이 두려워 촉촉이 아파올 때 / 거스러지 못할 시간과 숙명 / 풀내음 가득한 언덕에 풀어 놓는다 / 스러져간 애달픔도 여기 있고 / 허물도 거기 주저앉아 있다(「바람이 있는 언덕」 중에서)

- 나 그대에게 무엇이 될까 / 끝내 묻지 못했던 말 / 지금도 뚜벅뚜벅 혼자 걷는다(「난 무엇인가」 중에서)

- 다 품어도 / 놓고 가야 할 생 이기에(「간다한들」 중에서)

- 텅 빈 마음 빛은 / 무색으로 아름답거늘 / 허우적대는 인생고란 / 바람결에 털고(「바다 같이 바람처럼」 중에서)

- 나간 마음 찾으려 / 어두운 밤 지킨다 / 오늘 버려 놓았던 마음 / 구석구석 뒤져서(「외출」 중에서)

그렇다. 임선영 시인은 끈질기게 자아를 추적하고 있다.

그 추적 속에는 우리 인간들이 체험하는 보편성에서부터 자기만의 개성이 노출된 비범(非凡)한 인생관이 포괄되어 있어서 그의 인생론적인 진실을 적시(摘示)하고 있다.

그가 '내 안의 나' 에 관한 의식의 흐름(stream of consciousness)에서 '인생' 과 '삶' 에 대한 성찰을 궁극적으로 시의 원류로 정립하면서 '다 품어도 / 놓고 가야할 생' 이라거나 '텅 빈 마음' 혹은 '나간 마음' 으로 비움의 미학을 실현하려는 진실이 내재되어 있다.

또한 그는 이러한 비움의 의식이 팽배한 것은 그의 인생적 연륜과 무관하지 않을 것이다. 그것은 작품 「돛단배의 독백」에서처럼 '오늘 내가 가지고 싶었던 것 / 비우고 초연한 모습 / 내동댕이치고 걸어가는 / 자유를 그리워 하던 / 초라한 고뇌 출렁이며 간다' 는 어조는 그가 상당한 체험과 대비되는 상상력의 산물(産物)이라는 점에서 그가 천착(穿鑿)는 비움의 메시지를 더욱 확대하여 공감을 유로(流露)하고 있다.

2. 그리움과 사랑학

임선영 시인은 다시 이와 같은 성찰을 통해서 획득한 인생의 대명제(大命題)인 사랑을 구현하고 있다. 이것이 인생행로에서 교감하는 고뇌와 갈등의 화해방법으로써 사랑이 절대적인 처방이 될 수 있다는 근원을 그는 잘 알고 있기 때문이다.

그는 사유의 방향이나 정서의 정점이 모두 그가 실생활로 추구하면서 살아가는 종교(그는 원불교의 신앙인이다)의 신성한 정신과 교리에서 이미 축적한 진선미(眞善美-이것이 시의 주제로 승화하는 특성이 있다)의 근엄한 지향적 의식에서 그의 사랑은 형상화하고 있다.

이 시집의 표제시가 되는 작품「뉘시오니까」전문에서 우리는 사랑을 절감하게 될 것이다.

그대 누구시기에
석양길 곱게 물들여
불길 타오르게 하나요

흔들리다니 바람이였을까
마음 깊은 거기에 찾아와
티끌 하나 없는 웃음으로
살포시 눈 감게 하나요

당신 누구시기에
적막이 가득한 이 밤
간지러운 가슴앓이에
바람꽃 속삭임 전해 주나요

우연히 스쳐간 음악처럼
단 한 번 목소리로
영혼을 사로잡은
당신은 뉘시오니까

이건 그리움이야
어디선가 진하게 물들인
분명 사랑이야

임선영 시인이 '사랑'에 대한 정의를 탐색하는 과정에는 '그대(혹은 당신)'라는 화자에게 '하나요', '주나요' 혹은

'뉘시오니까' 라고 의문형으로 접근하고 있다. 그러나 '영혼을 사로잡은 / 당신' 이 주된 시적 대상이라고 유추한다면 이러한 의문은 금방 해법을 찾게 된다.

그가 '이건 그리움' 이라는 인식단정으로 시적 화자는 바로 '그리움' 이며 '사랑' 이라는 결론에 도달하게 된다. 영혼과 교감할 수 있는 사랑이 그의 인생을 통한 지향적 철학이라고 할 수 있을 것이다.

이러한 사랑의 해법이 각 연마다 현현(顯現)된 바와 같이 진정한 인간 정서의 창출을 위한 그의 운명적 고뇌를 적시하고 있다. 이것이 그가 존재의 인식과 의식을 통해서 영원히 존속해야 할 기원이기도 하다.

사랑한다는 것은
피다가 지는 꽃잎 같아서
누가 알세라 눈치 첼세라
홀로 바람에 흔들리는 것이지
--「지고 가려마」 중에서

연분홍으로 물들다니
세월 잊은 뜨거운 고독
추락하는 삶의 날개 걸머지고
분명 사랑이어라
--「홍소」 중에서

이처럼 사랑은 '홀로 바람에 흔들리는 것' 이며 '세월 잊은 뜨거운 고독' 이라는 그의 어조가 인간 최후의 진리와 최후의 본질을 확인하는 절규에 가깝다. 이는 사람이 참다운 사랑을 갈구하고 있을 때 사랑도 또한 그를 위해서 기다리고 있다는 어느 사람의 말처럼 임선영 시인의 사랑은 지고지순(至高至純)의 사랑학 탐구라고 할 수 있다.

그의 사랑학 저변에는 '그리움' 이 상존하고 있는데 대체로 일별해보면 '목마를 때 / 바다는 물이 아니다 / 그리움이다(「갈증」 중에서)' 라거나 '화선지 위 그리움으로 간다(「아풀라」 중에서)', '시골집 텃밭 너울대던 서정 / 그리움으로 파고드는데(「연시」 중에서)', '감출 수 없는 그리움(「어쩔 수 없다」 중에서)', '그리워 쓸어안고 울면 / 바람도 울까(「그리움으로」 중에서)', 계절이 익어갈 무렵 / 삿갓 쓰고 서성이는 / 미친 그리움(「길을 타고」 중에서)', '푹 젖은 붉은 모습에서 / 진한 그리움을 본다(「그리움 때」 중에서)', '풀잎 적시는 봄비처럼 / 그리움 속 마음 담근다(「자목련 환상」 중에서)' 그리고 '피고 진 그리움 길이 없어(「허물」 중에서)' 등의 절감의 언어는 사랑과 그리움의 불가변적 요소가 확충되어 공감의 연결성을 굳건하게 하고 있다.

3. 계절 정감과 시간성

한편 임선영 시인의 지향적 사유는 잠시 삶과 인생문제에서 벗어나 자연과 시간성에 관한 약간 차원을 달리하는 시적 발상에서 시적 구도를 형성하고 있다. 이는 사계절에 대한 정감적 언어로 유형무형의 사물과 접맥하여 세상과 인간의 흐름을 적시하고 있다.

우선 그가 빈도수 높게 다루고 있는 '가을' 의 이미지는 어떻게 표징되고 있으며 그의 메시지는 무엇인가.

- 가을은 / 터무니 없이 외롭고 쓸쓸하지만 / 가을엽서 빨간 소인은 / 아침 햇살처럼 붉게 타 오른다(「가을엽서」 중에서)

- 적막이 드리운 가을밤 / 통 키타 위에 떨어진 외로움 / 바람이 써 내려간다 / "그립다" (「가을 밤」 중에서)

- 물이랑 같이 밀려오는 / 허전함 이길 꼼수가 없다 / 가을 이제 시작인데 (「아직도 난」 중에서)

- 가을은 / 혼자 호젓하고 싶은 계절입니다(「가을은」 중에서)

보편적인 가을의 이미지나 상징은 성숙과 풍요이다. 그러나 어쩐지 쓸슬함이 앞서고 있다. 그것은 '외로움' 이다. 이렇게 생성하는 메시지는 임선영 시인이 그만큼 계절 언어에 예민하다는 암묵이 내포되어 있다.

이것은 그가 인생적 연륜도 성숙과 풍요를 넘어 다시 되돌아보는 회상의 상상에서 성찰되어진 진실의 일단이라는 점을 간과(看過)할 수 없을 것이다. 왜냐하면 계절의 순서는 가을이지만 인생의 시간은 완숙(完熟)이다. 이러한 시점에서 응시(凝視)한 지적 혜안(慧眼)의 순도(純度)는 평범성을 초월하는 철학을 보유하고 있기 때문이다.

또한 봄과 여름, 겨울에 대한 시간적 관념도 어쩐지 소녀적 낭만의 의미가 다분히 엿보인다.

- 초록에 민감한 여심은 / 입안에 향기가 돌고 / 손끝에 벌써 봄이 걸려있다(「손끝에 봄」 중에서)

- 시나부로 물든 마음 / 잡을 길 없어 / 봄물 뚝뚝 떨구며 운다(「봄 한자리」 중에서)

- 잠들지 못하는 깊은 여름 밤 / 숲과 바다 흔들다 / 나를 깨우는 당신 / 살짝 품속 어루만지시네요 / 그리우셨나요(「여름 바람」 중에서)

- 마치 아무 일 없는 듯 / 느릿느릿 시간 속으로 / 헝거러운 겨울이 구시렁거리며 / 하나씩 지워 낸 그리움 손에 들고 / 허물도 목에 걸고 간다(「겨울나기」 중에서)

이처럼 민감한 계절에 투영(投影)된 시간의 이미지는 그가 현재 살아가고 있는 현존(現存)을 원류로 해서 그리움이나 비움으로 전환하는 속성이 바로 만년(晩年)의 예비적 가치관의 형상화라고 할 수 있을 것이다.

그러나 이러한 계절의 언어도 결론적으로 '세월' 의 범주(範疇)에 포함하지 않으면 안 된다. 이는 광음사서수(光陰似逝水)라는 고어(古語)처럼 세월은 흘러가는 물과 같음에 대한 '민감한 여심' 으로 분사(噴射)하는 그리움이 넘치고 있음을 이해하게 된다.

임선영 시인은 이와 같은 보통 사람들이 감지하지 못하는 시간성에 대해서 다음과 같이 '생명의 끈' 을 알게 되고 '정열과 사랑' 이 늙지 않는 세월의 순리를 적응하고 있다.

꽃잎의 가녀린 여정
이제 떨어져도 향기조차 없다
생명의 끈 같이 잡은
흘러간 세월은 안다
--「화우(花雨)」 중에서

인사동 낡은 까페에서

노래하던 세월 흔적도 없는데
정열과 사랑은
왜
늙지 않고 거기에 서 있는가
--「인사동에서」 중에서

한편 그는 세월과 동행하면서 우리 인간들의 칠정(七情-喜怒哀樂愛惡慾)이 수용된 존재에서 고뇌의 요소들을 자성(自省)으로 변환시키고 거기에서 도출된 미래지향의 진실을 탐구하고 있는 것이다.

또한 그는 작품「내소사의 가을」에서 '떠나지 못하는 계절의 영혼' 을 적시함으로써 그가 평소에 간직한 섭리의 진실을 염원하고 있으며 이 영혼이 다시 만유(萬有)의 지혜로 상생(相生)하게 된다.

그가 '바람도 소리 낮춘 / 이별하기엔 너무 아름다운 / 내소사 뜰 안 / 흐르는 세월 아쉬워 / 신열 앓는다' 는 절감의 언어로 어조를 조절하여 세월과 인간과의 융합과 조화를 적절하게 현현함으로써 시적 진실의 공감을 유로하고 있다.

일찍이 영국의 시인 셸리(P. B. Shelley)는 시가 인간 최상의 마음이 가장 훌륭하고 행복한 순간의 기록으로 그것이 영원한 진리로 표현된 인생의 의미라고 말했다. 이것이 시간성과 화해하고 행복의 순간으로 승화할 때 시는 더욱 값진 진실의 목소리로 다시 탄생하는 것이다.

4. 시와 서정의 원류

임선영 시인은 자연과 인생을 동시에 사랑하는 서정 시인이다. 그가 이 시집 전체를 통해서 조감할 수 있는 것은 존재와 삶을 성찰하면서 그리움이 동반한 사랑학의 실천에 시적 원천을 설정하고 다시 시간의 간극(間隙)에서 포용하는 세월의 재음미를 이해할 수 있다.

이러한 정서의 정립은 그가 살아온 과거와 현재의 모순과 갈등들이 시와 마주치면서 화해하는 해법을 제시하고 있어서 우리들에게 공감의 영역이 확대되고 있다. 그것이 진정한 존재의 진실이며 자아의 성찰이다.

벌떼같이 그리움 쏟아진다
순백의 꽃이었으면
바다를 품어 안지 않았을 텐데

무엇이기에
파도는 가슴에서
출렁이며 아프게 하나

소리만 들어도 달아오르는
뜨겁게 아픈 그리움
세월 타지 않고
알몸으로 살아도 부끄럽지 않은
너는 무엇인가

자신을 잊어버리려
마음 화장을 하고
입 찢어지게 웃으며
바다 앞에서
가시 찔린 가슴은
차마 던지지 못하는 시인이 된다

여기 작품 「나를 잊은 날」에서처럼 '나를 잊' 게 하는 '세월' 과의 여백에는 '시인' 이란 커다란 이상의 목표가 언제나 우뚝 서 있다. 이는 '심상으로 만나는 화음 / 시심으로 서럽게 밀려온다' 거나 '눈물 나도록 훤한 바다 / 갈지나 바람 밀어 밀고와 / 은파로 춤추는 햇살 / 흰구름 떠돌며 시심 녹인다(이상 「시심이 밀려오는 소리」 중에서)' 는 시인의 환희와 같은 절규를 분사하고 있다.

그는 또 '형상 없는 그 무엇 / 듬뿍 붓 끝에 적신 혼 / 허지에 난도질하는 심화 / 알랑하고 유치한 시가 누워있다 // 가슴 한 컨 살며시 숨어들던 정 / 인간은 정 들어 태여난 존재 / 정은 감동을 낳는다 / 그리고 사랑한다(「사시겠습니까」 중에서)' 는 어조처럼 그 '알량하고 유치한 시' 를 위해서 '혼' 과 '정' 과 '감동' 이 그의 내면에서 떠나지 않는다.

그리고 '풀내음 그리운 5월엔 / 부치지 않은 시 허공에 띄어 보자(「5월에는」중에서)' 고 그리움의 편지를 쓰고 있다. 독일의 철학자 하이데거(M. Heidegger)는 「시의 본질」이란 글에서 '시는 우리들이 익숙해서 믿어버리고 있고 손쉽게 가깝고 명백한 현실에 비해서 무엇인가 비현실적인 꿈같은 느낌을 일으킨다. 시인이 말하고 시인이 이렇다고 긍정한 것 그것이야말로 현실이다' 라고 시의 본령(本領)을 정리하고 있다.

그렇다면 임선영 시인이 탐색하면서 지향하려는 시의 본질이나 그 본령은 무엇일까. 그것은 자연을 근원으로 한 존재의 문제를 심도있게 형상화하고 승화는 명제의 완성이라고 할 수 있다.

이러한 그에게 내재된 진실의 소통이 바로 시라는 매체가 그의 영원한 지주로 자리할 것이기 때문이다. 그가 '달빛 속 드리운 님 / 보내기 아쉬워 / 붓끝 적신 서정(「석류」 중에서)' 라는 단정적 어조가 적시하듯이 서정성을 떠나서는 시의 구도나 구성요소가 괴리(乖離)된다는 것을 잘 알고 있음이다.

시야를 가득 메운 꽃길
어느새 바람으로
흔들리는 회상 언저리

낙엽 무성한 길 걸으며
함께하던 해질녘은
울고 싶어라

아직도 임선영 시인은 「어느새 바람 불어와」처럼 소녀적 감성을 지우지 못하고 '꽃길' 이나 '낙엽', '해질녘' 등의 음률에는 '울고 싶' 을 뿐이다. 이렇게 일상 정서의 단조로운 표현에서도 우리 현대시의 과제인 서정성 추구가 돋보이는 이유는 시가 마음에 작용하는 동안 정신에 대해서 위안과 안정감을 준다는 엘리엇(T. S. Eliot)의 말을 경청할 필요가 있으리라는 예감 때문이다.

시는 기쁨과 슬픔 등 우리 정서의 깊숙한 강물에서 언제나 새로운 창조를 예비하는 신의 말이며 영혼의 음악이라는 위대성이 넘치고 있다는 점을 유념해야 한다.

임선영 시집
뉘시오니이까

인 쇄 | 2010년 1월 10일
발 행 | 2010년 1월 17일
저 자 | 임 선 영 (010-6854-0503)
펴 낸 곳 | 동남풍
펴 낸 이 | 김영식
등록번호 | 403-90-12405
주 소 | 익산시 신용동 344-2 동남풍
전 화 | 063)850-3324 · 854-0784

값 8,000원
ISBN 978-89-6288-004-5